Newmans

# Field List
## FOR BIRDWATCHERS

Kenneth Newman

SOUTHERN
BOOK PUBLISHERS

ISBN 1 86812 624 2

First edition, first impression 1991
Second edition, first impression 1996

Published by
Southern Book Publishers (Pty) Ltd
PO Box 3103, Halfway House 1685

Cover design by Alix Gracie
Set in $9\frac{1}{4}$ on $10\frac{3}{4}$ point Univers
by PG&A, Ottery, Cape Town
Printed and bound by Colorgraphic, Durban

| | A | B | C | D | E | F | G | H |
|---|---|---|---|---|---|---|---|---|
| Albatross, Blackbrowed p. 32 | | | | | | | | |
| Greyheaded p. 30 | | | | | | | | |
| Laysan p. 444 | | | | | | | | |
| Royal p. 30 | | | | | | | | |
| Shy p. 30 | | | | | | | | |
| Sooty p. 32 | | | | | | | | |
| Sooty, Darkmantled p. 32 | | | | | | | | |
| Sooty, Lightmantled p. 32 | | | | | | | | |
| Wandering p. 30 | | | | | | | | |
| Whitecapped p. 30 | | | | | | | | |
| Yellownosed p. 32 | | | | | | | | |
| Alethe, Whitebreasted p. 322 | | | | | | | | |
| Apalis, Barthroated p. 340 | ✓ | | | | | | | |
| Blackheaded p. 340 | | | | | | | | |
| Chirinda p. 340 | | | | | | | | |
| Rudd's p. 340 | | | | | | | | |
| Yellowbreasted p. 340 | | | | | | | | |
| Avocet p. 126 | | | | | | | | |
| | | | | | | | | |
| Babbler, Arrowmarked p. 310 | | | | | | | | |
| Barecheeked p. 310 | | | | | | | | |
| Blackfaced p. 310 | | | | | | | | |
| Pied p. 310 | | | | | | | | |
| Whiterumped p. 310 | | | | | | | | |
| Barbet, Blackcollared p. 264 | | | | | | | | |
| Crested p. 264 | | | | | | | | |
| Pied p. 264 | | | | | | | | |
| Tinker, Goldenrumped p. 264 | | | | | | | | |
| Tinker, Green p. 264 | | | | | | | | |
| Tinker, Redfronted p. 266 | | | | | | | | |
| Tinker, Yellowfronted p. 266 | | | | | | | | |
| White-eared p. 262 | | | | | | | | |
| Whyte's p. 262 | | | | | | | | |
| Woodwards' p. 262 | | | | | | | | |
| Yellowfronted p. 262 | | | | | | | | |
| Bateleur p. 160 | | | | | | | | |
| Batis, Cape p. 366 | | | | | | | | |
| Chinspot p. 366 | | | | | | | | |
| Mozambique p. 366 | | | | | | | | |
| Pririt p. 366 | | | | | | | | |
| Whiteflanked p. 366 | | | | | | | | |
| Woodwards' p. 366 | | | | | | | | |
| Bee-eater, Bluecheeked p. 246 | | | | | | | | |
| Böhm's p. 244 | | | | | | | | |
| Carmine p. 246 | | | | | | | | |
| European p. 246 | | | | | | | | |
| Little p. 246 | | | | | | | | |

| | A | B | C | D | E | F | G | H |
|---|---|---|---|---|---|---|---|---|
| Olive p. 246 | | | | | | | | |
| Swallowtailed p. 244 | | | | | | | | |
| Whitefronted p. 246 | | | | | | | | |
| Whitethroated p. 450 | | | | | | | | |
| Bishop, Blackwinged p. 416 | | | | | | | | |
| Cape p. 418 | | | | | | | | |
| Firecrowned p. 416 | | | | | | | | |
| Golden p. 416 | | | | | | | | |
| Red p. 416 | ✓ | | | | | | | |
| Bittern p. 70 | | | | | | | | |
| Dwarf p. 66 | | | | | | | | |
| Little p. 66 | | | | | | | | |
| Blackcap, Bush p. 304 | | | | | | | | |
| (European) p. 448 | | | | | | | | |
| Bokmakierie p. 380 | | | | | | | | |
| Booby, Brown p. 48 | | | | | | | | |
| Masked p. 48 | | | | | | | | |
| Boubou, Crimson p. 374 | | | | | | | | |
| Southern p. 374 | ✓ | | | | | | | |
| Swamp p. 374 | | | | | | | | |
| Tropical p. 374 | | | | | | | | |
| Broadbill, African p. 274 | | | | | | | | |
| Brubru p. 372 | | | | | | | | |
| Bulbul, Blackeyed p. 306 | | | | | | | | |
| Cape p. 306 | ✓ | | | | | | | |
| Redeyed p. 306 | | | | | | | | |
| Slender p. 306 | | | | | | | | |
| Sombre p. 304 | ✓ | | | | | | | |
| Stripecheeked p. 306 | | | | | | | | |
| Terrestrial p. 304 | | | | | | | | |
| Yellowbellied p. 304 | | | | | | | | |
| Yellowstreaked p. 306 | | | | | | | | |
| Bunting, Cabanis's p. 442 | | | | | | | | |
| Cape p. 442 | ✓ | | | | | | | |
| Goldenbreasted p. 442 | | | | | | | | |
| Gough p. 26 | | | | | | | | |
| Larklike p. 442 | | | | | | | | |
| Rock p. 442 | | | | | | | | |
| Tristan p. 26 | | | | | | | | |
| Wilkins' p. 26 | | | | | | | | |
| Bustard, Denham's p. 134 | | | | | | | | |
| Kori p. 136 | | | | | | | | |
| Ludwig's p. 134 | | | | | | | | |
| Stanley's p. 134 | | | | | | | | |
| Buttonquail, Blackrumped p. 148 | | | | | | | | |
| Hottentot p. 148 | | | | | | | | |
| Kurrichane p. 148 | | | | | | | | |

| | A | B | C | D | E | F | G | H |
|---|---|---|---|---|---|---|---|---|
| Buzzard, Augur p. 172 | | | | | | | | |
| Forest p. 170 | | | | | | | | |
| Honey p. 172 | | | | | | | | |
| Jackal p. 172 | ✓ | | | | | | | |
| Lizard p. 174 | | | | | | | | |
| Longlegged p. 170 | ✓ | | | | | | | |
| Steppe p. 170 | ✓ | | | | | | | |
| | | | | | | | | |
| Canary, Blackeared p. 438 | | | | | | | | |
| Blackheaded p. 438 | | | | | | | | |
| Blackthroated p. 438 | | | | | | | | |
| Bully p. 436 | | | | | | | | |
| Cape p. 436 | ✓ | | | | | | | |
| Forest p. 436 | | | | | | | | |
| Lemonbreasted p. 440 | | | | | | | | |
| Protea p. 438 | | | | | | | | |
| Streakyheaded p. 438 | | | | | | | | |
| Whitethroated p. 438 | ✓ | | | | | | | |
| Yellow p. 436 | | | | | | | | |
| Yelloweyed p. 436 | | | | | | | | |
| Chaffinch p. 440 | | | | | | | | |
| Chat, Arnot's p. 318 | | | | | | | | |
| Anteating p. 322 | | | | | | | | |
| Boulder p. 316 | | | | | | | | |
| Buffstreaked p. 322 | | | | | | | | |
| Familiar p. 320 | | | | | | | | |
| Herero p. 322 | | | | | | | | |
| Karoo p. 320 | | | | | | | | |
| Mocking p. 316 | | | | | | | | |
| Mountain p. 318 | | | | | | | | |
| Sicklewinged p. 320 | | | | | | | | |
| Tractrac p. 320 | | | | | | | | |
| Cisticola, Ayres' p. 350 | | | | | | | | |
| Blackbacked p. 354 | | | | | | | | |
| Chirping p. 352 | | | | | | | | |
| Cloud p. 350 | | | | | | | | |
| Croaking p. 356 | | | | | | | | |
| Desert p. 350 | | | | | | | | |
| Fantailed p. 350 | | | | | | | | |
| Greybacked p. 352 | | | | | | | | |
| Lazy p. 356 | | | | | | | | |
| Levaillant's p. 354 | | | | | | | | |
| Palecrowned p. 348 | | | | | | | | |
| Rattling p. 354 | | | | | | | | |
| Redfaced p. 356 | | | | | | | | |
| Shortwinged p. 352 | | | | | | | | |
| Singing p. 352 | | | | | | | | |

| | A | B | C | D | E | F | G | H |
|---|---|---|---|---|---|---|---|---|
| Tinkling p. 354 | | | | | | | | |
| Wailing p. 354 | | | | | | | | |
| Coot, Redknobbed p. 96 | | | | | | | | |
| Cormorant, Bank p. 64 | | | | | | | | |
| Cape p. 64 | ✓ | | | | | | | |
| Crowned p. 64 | | | | | | | | |
| Imperial p. 20 | | | | | | | | |
| Reed p. 64 | ✓ | | | | | | | |
| Whitebreasted p. 64 | ✓ | | | | | | | |
| Corncrake p. 102 | | | | | | | | |
| Coucal, Black p. 212 | | | | | | | | |
| Burchell's p. 214 | | | | | | | | |
| Copperytailed p. 214 | | | | | | | | |
| Green p. 212 | | | | | | | | |
| Senegal p. 214 | | | | | | | | |
| Whitebrowed p. 214 | | | | | | | | |
| Courser, Bronzewinged p. 130 | | | | | | | | |
| Burchell's p. 130 | | | | | | | | |
| Doublebanded p. 130 | | | | | | | | |
| Temminck's p. 130 | | | | | | | | |
| Threebanded p. 130 | | | | | | | | |
| Crake, African p. 102 | | | | | | | | |
| Baillon's p. 102 | | | | | | | | |
| Black p. 102 | | | | | | | | |
| Spotted p. 100 | | | | | | | | |
| Striped p. 100 | | | | | | | | |
| Crane, Blue p. 138 | ✓ | | | | | | | |
| Crowned p. 138 | | | | | | | | |
| Wattled p. 138 | | | | | | | | |
| Creeper, Spotted p. 274 | | | | | | | | |
| Crimsonwing, Redfaced p. 420 | | | | | | | | |
| Crombec, Longbilled p. 342 | | | | | | | | |
| Redcapped p. 342 | | | | | | | | |
| Redfaced p. 342 | | | | | | | | |
| Crow, Black p. 300 | ✓ | | | | | | | |
| House p. 300 | | | | | | | | |
| Pied p. 300 | ✓ | | | | | | | |
| Cuckoo, African p. 210 | | | | | | | | |
| Barred p. 210 | | | | | | | | |
| Black p. 212 | | | | | | | | |
| Diederik p. 208 | | | | | | | | |
| Emerald p. 208 | | | | | | | | |
| European p. 210 | | | | | | | | |
| Great Spotted p. 212 | | | | | | | | |
| Jacobin p. 208 | | | | | | | | |
| Klaas's p. 208 | | | | | | | | |
| Lesser p. 210 | | | | | | | | |

|  | A | B | C | D | E | F | G | H |
|---|---|---|---|---|---|---|---|---|
| Madagascar p. 210 |  |  |  |  |  |  |  |  |
| Redchested p. 210 |  |  |  |  |  |  |  |  |
| Striped p. 208 |  |  |  |  |  |  |  |  |
| Thickbilled p. 212 |  |  |  |  |  |  |  |  |
| Cuckooshrike, Black pp. 296, 298 |  |  |  |  |  |  |  |  |
| Grey p. 298 |  |  |  |  |  |  |  |  |
| Whitebreasted p. 298 |  |  |  |  |  |  |  |  |
| Curlew p. 124 |  |  |  |  |  |  |  |  |
| Dabchick p. 96 |  |  |  |  |  |  |  |  |
| Darter p. 64 |  |  |  |  |  |  |  |  |
| Dikkop, Spotted p. 128 | ✓ |  |  |  |  |  |  |  |
| Water p. 128 | ? |  |  |  |  |  |  |  |
| Dove, Bluespotted p. 200 |  |  |  |  |  |  |  |  |
| Cinnamon p. 198 |  |  |  |  |  |  |  |  |
| Emeraldspotted p. 200 |  |  |  |  |  |  |  |  |
| Laughing p. 196 | ✓ |  |  |  |  |  |  |  |
| Mourning p. 196 |  |  |  |  |  |  |  |  |
| Namaqua p. 196 |  |  |  |  |  |  |  |  |
| Redeyed p. 196 | ✓ |  |  |  |  |  |  |  |
| Tambourine p. 198 |  |  |  |  |  |  |  |  |
| Turtle (European) p. 446 |  |  |  |  |  |  |  |  |
| Turtle, Cape p. 196 | ✓ |  |  |  |  |  |  |  |
| Drongo, Forktailed p. 296 | ✓ |  |  |  |  |  |  |  |
| Squaretailed p. 296 |  |  |  |  |  |  |  |  |
| Duck, African Black p. 94 |  |  |  |  |  |  |  |  |
| Fulvous p. 86 |  |  |  |  |  |  |  |  |
| Knobbilled p. 94 |  |  |  |  |  |  |  |  |
| Maccoa p. 90 |  |  |  |  |  |  |  |  |
| Whitebacked p. 86 |  |  |  |  |  |  |  |  |
| Whitefaced p. 86 |  |  |  |  |  |  |  |  |
| Yellowbilled p. 94 | ✓ |  |  |  |  |  |  |  |
| Dunlin p. 116 |  |  |  |  |  |  |  |  |
| Eagle, African Fish p. 168 |  |  |  |  |  |  |  |  |
| African Hawk p. 166 |  |  |  |  |  |  |  |  |
| Ayres' p. 166 |  |  |  |  |  |  |  |  |
| Bateleur p. 160 |  |  |  |  |  |  |  |  |
| Black p. 168 | ✓ |  |  |  |  |  |  |  |
| Booted p. 162 |  |  |  |  |  |  |  |  |
| Crowned p. 166 |  |  |  |  |  |  |  |  |
| Lesser Spotted p. 162 |  |  |  |  |  |  |  |  |
| Longcrested p. 164 |  |  |  |  |  |  |  |  |
| Martial p. 168 |  |  |  |  |  |  |  |  |
| Short-toed p. 160 |  |  |  |  |  |  |  |  |
| Snake, Blackbreasted p. 160 |  |  |  |  |  |  |  |  |
| Snake, Brown p. 160 |  |  |  |  |  |  |  |  |

| | A | B | C | D | E | F | G | H |
|---|---|---|---|---|---|---|---|---|
| Snake, Southern Banded p. 158 | | | | | | | | |
| Snake, Western Banded p. 158 | | | | | | | | |
| Steppe p. 164 | | | | | | | | |
| Tawny p. 164 | | | | | | | | |
| Verreaux's p. 168 | | | | | | | | |
| Vulturine Fish p. 156 | | | | | | | | |
| Wahlberg's p. 162 | | | | | | | | |
| Egret, Black p. 68 | | | | | | | | |
| Cattle p. 72 | ✓ | | | | | | | |
| Great White p. 72 | | | | | | | | |
| Little p. 72 | ✓ | | | | | | | |
| Slaty p. 68 | | | | | | | | |
| Yellowbilled p. 72 | | | | | | | | |
| Eremomela, Burntnecked p. 344 | | | | | | | | |
| Greencapped p. 344 | | | | | | | | |
| Karoo p. 346 | | | | | | | | |
| Yellowbellied p. 344 | | | | | | | | |
| | | | | | | | | |
| Falcon, Eleonora's p. 452 | | | | | | | | |
| Hobby p. 188 | | | | | | | | |
| Hobby, African p. 190 | | | | | | | | |
| Lanner p. 188 | | | | | | | | |
| Peregrine p. 188 | | | | | | | | |
| Pygmy p. 186 | | | | | | | | |
| Redfooted, Eastern p. 192 | | | | | | | | |
| Redfooted, Western p. 192 | | | | | | | | |
| Rednecked p. 186 | | | | | | | | |
| Sooty p. 186 | | | | | | | | |
| Taita p. 186 | | | | | | | | |
| Finch, Cuckoo p. 430 | | | | | | | | |
| Cutthroat p. 428 | | | | | | | | |
| Locust p. 424 | | | | | | | | |
| Melba p. 420 | | | | | | | | |
| Quail p. 424 | | | | | | | | |
| Redheaded p. 428 | | | | | | | | |
| Scalyfeathered p. 406 | | | | | | | | |
| Finchlark, Blackeared p. 286 | | | | | | | | |
| Chestnutbacked p. 286 | | | | | | | | |
| Greybacked p. 286 | | | | | | | | |
| Finfoot, African p. 84 | | | | | | | | |
| Firefinch, Bluebilled p. 422 | | | | | | | | |
| Brown p. 422 | | | | | | | | |
| Jameson's p. 422 | | | | | | | | |
| Redbilled p. 422 | | | | | | | | |
| Flamingo, Greater p. 82 | | | | | | | | |
| Lesser p. 82 | | | | | | | | |
| Flufftail, Buffspotted p. 102 | | | | | | | | |

|                                   | A | B | C | D | E | F | G | H |
|-----------------------------------|---|---|---|---|---|---|---|---|
| Redchested p. 102                 |   |   |   |   |   |   |   |   |
| Streakybreasted p. 100            |   |   |   |   |   |   |   |   |
| Striped p. 100                    |   |   |   |   |   |   |   |   |
| Whitewinged p. 100                |   |   |   |   |   |   |   |   |
| Flycatcher, Black p. 296          |   |   |   |   |   |   |   |   |
| Black-and-white p. 364            |   |   |   |   |   |   |   |   |
| Bluegrey p. 362                   |   |   |   |   |   |   |   |   |
| Bluemantled p. 368                |   |   |   |   |   |   |   |   |
| Chat p. 364                       |   |   |   |   |   |   |   |   |
| Collared p. 360                   |   |   |   |   |   |   |   |   |
| Dusky p. 362                      | ✓ |   |   |   |   |   |   |   |
| Fairy p. 368                      |   |   |   |   |   |   |   |   |
| Fantailed p. 362                  |   |   |   |   |   |   |   |   |
| Fiscal p. 364                     | ✓ |   |   |   |   |   |   |   |
| Leadcoloured p. 362               |   |   |   |   |   |   |   |   |
| Livingstone's p. 368              |   |   |   |   |   |   |   |   |
| Marico p. 364                     |   |   |   |   |   |   |   |   |
| Mousecoloured p. 362              |   |   |   |   |   |   |   |   |
| Pallid p. 362                     |   |   |   |   |   |   |   |   |
| Paradise p. 368                   | ✓ |   |   |   |   |   |   |   |
| Spotted p. 362                    |   |   |   |   |   |   |   |   |
| Vanga p. 364                      |   |   |   |   |   |   |   |   |
| Wattle-eyed p. 368                |   |   |   |   |   |   |   |   |
| Whitetailed p. 368                |   |   |   |   |   |   |   |   |
| Francolin, Cape p. 142            | ✓ |   |   |   |   |   |   |   |
| Coqui p. 142                      |   |   |   |   |   |   |   |   |
| Crested p. 142                    |   |   |   |   |   |   |   |   |
| Greywing p. 144                   |   |   |   |   |   |   |   |   |
| Hartlaub's p. 144                 |   |   |   |   |   |   |   |   |
| Natal p. 146                      |   |   |   |   |   |   |   |   |
| Orange River p. 146               |   |   |   |   |   |   |   |   |
| Redbilled p. 142                  |   |   |   |   |   |   |   |   |
| Rednecked p. 144                  |   |   |   |   |   |   |   |   |
| Redwing p. 146                    |   |   |   |   |   |   |   |   |
| Shelley's p. 146                  |   |   |   |   |   |   |   |   |
| Swainson's p. 144                 |   |   |   |   |   |   |   |   |
| Frigatebird, Greater p. 452       |   |   |   |   |   |   |   |   |
| Lesser p. 452                     |   |   |   |   |   |   |   |   |
| Fulmar, Antarctic p. 36           |   |   |   |   |   |   |   |   |
| Gallinule, American Purple p. 98  |   |   |   |   |   |   |   |   |
| Lesser p. 98                      |   |   |   |   |   |   |   |   |
| Purple p. 98                      |   |   |   |   |   |   |   |   |
| Gannet, Australian p. 48          |   |   |   |   |   |   |   |   |
| Cape p. 48                        |   |   |   |   |   |   |   |   |
| Garganey p. 92                    |   |   |   |   |   |   |   |   |
| Godwit, Bartailed p. 118          |   |   |   |   |   |   |   |   |

| | A | B | C | D | E | F | G | H |
|---|---|---|---|---|---|---|---|---|
| Blacktailed p. 118 | | | | | | | | |
| Hudsonian p. 446 | | | | | | | | |
| Goose, Egyptian p. 88 | | | | | | | | |
| Pygmy p. 88 | | | | | | | | |
| Spurwinged p. 88 | | | | | | | | |
| Goshawk, African p. 178 | | | | | | | | |
| Chanting, Dark p. 178 | | | | | | | | |
| Chanting, Pale p. 178 | | | | | | | | |
| Gabar p. 176 | | | | | | | | |
| Little Banded p. 176 | | | | | | | | |
| Grassbird p. 348 | | | | | | | | |
| Grebe, Blacknecked p. 96 | | | | | | | | |
| Great Crested p. 96 | | | | | | | | |
| Little p. 96 | | | | | | | | |
| Greenshank p. 108 | ✓ | | | | | | | |
| Guineafowl, Crested p. 148 | | | | | | | | |
| Helmeted p. 148 | ✓ | | | | | | | |
| Gull, Blackbacked, Lesser p. 54 | | | | | | | | |
| Blackbacked, Southern p. 54 | | | | | | | | |
| Blackheaded, p. 52 | | | | | | | | |
| Franklin's p. 52 | | | | | | | | |
| Greyheaded p. 52 | | | | | | | | |
| Hartlaub's p. 52 | ✓ | | | | | | | |
| Herring p. 444 | | | | | | | | |
| Kelp p. 54 | ✓ | | | | | | | |
| Sabine's p. 52 | | | | | | | | |
| Gymnogene p. 184 | ✓ | | | | | | | |
| | | | | | | | | |
| Hamerkop p. 80 | | | | | | | | |
| Harrier, Black p. 180 | | | | | | | | |
| Marsh, African p. 182 | | | | | | | | |
| Marsh, European p. 180 | | | | | | | | |
| Montagu's p. 182 | | | | | | | | |
| Pallid p. 182 | | | | | | | | |
| Hawk, Bat p. 184 | | | | | | | | |
| Cuckoo p. 186 | | | | | | | | |
| Helmetshrike, Chestnutfronted p. 380 | | | | | | | | |
| Redbilled p. 380 | | | | | | | | |
| White p. 380 | | | | | | | | |
| Hen, Cape p. 34 | | | | | | | | |
| Heron, Blackheaded p. 74 | | | | | | | | |
| Goliath p. 74 | | | | | | | | |
| Greenbacked p. 66 | | | | | | | | |
| Grey p. 74 | | | | | | | | |
| Little Blue p. 450 | | | | | | | | |
| Night, Blackcrowned p. 70 | | | | | | | | |
| Night, Whitebacked p. 70 | | | | | | | | |

| | A | B | C | D | E | F | G | H |
|---|---|---|---|---|---|---|---|---|
| Purple p. 74 | | | | | | | | |
| Rail p. 66 | | | | | | | | |
| Rufousbellied p. 66 | | | | | | | | |
| Squacco p. 68 | | | | | | | | |
| Squacco, Madagascar p. 68 | | | | | | | | |
| Honeyguide, Eastern p. 272 | | | | | | | | |
| Greater p. 272 | | | | | | | | |
| Lesser p. 272 | | | | | | | | |
| Scalythroated p. 272 | | | | | | | | |
| Sharpbilled p. 274 | | | | | | | | |
| Slenderbilled p. 274 | | | | | | | | |
| Hoopoe p. 256 | | | | | | | | |
| Hornbill, Bradfield's p. 260 | | | | | | | | |
| Crowned p. 258 | | | | | | | | |
| Grey p. 258 | | | | | | | | |
| Ground p. 262 | | | | | | | | |
| Monteiro's p. 260 | | | | | | | | |
| Redbilled p. 258 | | | | | | | | |
| Silverycheeked p. 260 | | | | | | | | |
| Trumpeter p. 260 | | | | | | | | |
| Yellowbilled p. 260 | | | | | | | | |
| Hyliota, Mashona p. 360 | | | | | | | | |
| Yellowbreasted p. 360 | | | | | | | | |
| Ibis, Bald p. 84 | | | | | | | | |
| Glossy p. 84 | | | | | | | | |
| Hadeda p. 84 | ✓ | | | | | | | |
| Sacred p. 84 | ✓ | | | | | | | |
| Jacana, African p. 118 | | | | | | | | |
| Lesser p. 118 | | | | | | | | |
| Kestrel, Common p. 192 | ✓ | | | | | | | |
| Dickinson's p. 190 | | | | | | | | |
| Greater p. 190 | | | | | | | | |
| Grey p. 190 | | | | | | | | |
| Lesser p. 192 | | | | | | | | |
| Redfooted, Eastern p. 192 | | | | | | | | |
| Redfooted, Western p. 192 | | | | | | | | |
| Rock p. 192 | ✓ | | | | | | | |
| Kingfisher, Brownhooded p. 252 | | | | | | | | |
| Chestnutbellied p. 250 | | | | | | | | |
| Giant p. 248 | | | | | | | | |
| Greyhooded p. 250 | | | | | | | | |
| Halfcollared p. 252 | | | | | | | | |
| Malachite p. 252 | ✓ | | | | | | | |
| Mangrove p. 250 | | | | | | | | |

|  | A | B | C | D | E | F | G | H |
|---|---|---|---|---|---|---|---|---|
| Pied p. 248 | ✓ | | | | | | | |
| Pygmy p. 252 | | | | | | | | |
| Striped p. 252 | | | | | | | | |
| Woodland p. 250 | | | | | | | | |
| Kite, Black p. 158 | | | | | | | | |
| Blackshouldered p. 174 | ✓ | | | | | | | |
| Yellowbilled p. 158 | ✓ | | | | | | | |
| Kittiwake, Blacklegged p. 52 | | | | | | | | |
| Knot p. 114 | | | | | | | | |
| Korhaan, Black p. 132 | | | | | | | | |
| Blackbellied p. 136 | | | | | | | | |
| Blue p. 132 | | | | | | | | |
| Karoo p. 134 | | | | | | | | |
| Longlegged p. 136 | | | | | | | | |
| Redcrested p. 132 | | | | | | | | |
| Rüppell's p. 134 | | | | | | | | |
| Whitebellied p. 132 | | | | | | | | |
| Whitequilled p. 132 | | | | | | | | |
| Lammergeier p. 152 | | | | | | | | |
| Lark, Botha's p. 284 | | | | | | | | |
| Clapper p. 278 | | | | | | | | |
| Dune p. 278 | | | | | | | | |
| Dusky p. 280 | | | | | | | | |
| Fawncoloured p. 276 | | | | | | | | |
| Flappet p. 278 | | | | | | | | |
| Gray's p. 284 | | | | | | | | |
| Karoo p. 278 | | | | | | | | |
| Longbilled p. 282 | | | | | | | | |
| Melodious p. 276 | | | | | | | | |
| Monotonous p. 276 | | | | | | | | |
| Pinkbilled p. 284 | | | | | | | | |
| Redcapped p. 280 | | | | | | | | |
| Rudd's p. 284 | | | | | | | | |
| Rufousnaped p. 280 | | | | | | | | |
| Red p. 282 | | | | | | | | |
| Sabota p. 276 | | | | | | | | |
| Sclater's p. 284 | | | | | | | | |
| Shortclawed p. 280 | | | | | | | | |
| Short-toed p. 280 | | | | | | | | |
| Spikeheeled p. 282 | | | | | | | | |
| Stark's p. 284 | | | | | | | | |
| Thickbilled p. 282 | | | | | | | | |
| Longclaw, Fülleborn's p. 292 | | | | | | | | |
| Orangethroated p. 290 | | | | | | | | |
| Pinkthroated p. 290 | | | | | | | | |
| Yellowthroated p. 292 | | | | | | | | |

40

| | A | B | C | D | E | F | G | H |
|---|---|---|---|---|---|---|---|---|
| Lourie, Grey p. 206 | | | | | | | | |
| Knysna p. 206 | ✓ | | | | | | | |
| Livingstone's p. 206 | | | | | | | | |
| Purplecrested p. 206 | | | | | | | | |
| Ross's p. 206 | | | | | | | | |
| Lovebird, Blackcheeked p. 204 | | | | | | | | |
| Lilian's p. 204 | | | | | | | | |
| Rosyfaced p. 204 | | | | | | | | |
| | | | | | | | | |
| Mannikin, Bronze p. 430 | | | | | | | | |
| Pied p. 430 | | | | | | | | |
| Redbacked p. 430 | | | | | | | | |
| Martin, Banded p. 236 | | | | | | | | |
| Brownthroated p. 236 | | | | | | | | |
| House p. 236 | ✓ | | | | | | | |
| Mascarene p. 234 | | | | | | | | |
| Rock p. 236 | ✓ | | | | | | | |
| Sand (European) p. 234 | ✓ | | | | | | | |
| Moorhen p. 98 | ✓ | | | | | | | |
| Lesser p. 98 | | | | | | | | |
| Gough p. 24 | | | | | | | | |
| Mousebird, Redfaced p. 244 | | | | | | | | |
| Speckled p. 244 | ✓ | | | | | | | |
| Whitebacked p. 244 | ✓ | | | | | | | |
| Myna, Indian p. 384 | | | | | | | | |
| | | | | | | | | |
| Neddicky p. 352 | | | | | | | | |
| Nicator, Yellowspotted p. 304 | | | | | | | | |
| Nightingale, Thrush p. 332 | | | | | | | | |
| Nightjar, European p. 224 | | | | | | | | |
| Fierynecked p. 224 | | | | | | | | |
| Freckled p. 224 | | | | | | | | |
| Mozambique p. 224 | | | | | | | | |
| Natal p. 222 | | | | | | | | |
| Pennantwinged p. 224 | | | | | | | | |
| Rufouscheeked p. 224 | | | | | | | | |
| Noddy, Common p. 60 | | | | | | | | |
| Lesser p. 60 | | | | | | | | |
| | | | | | | | | |
| Oriole, Blackheaded p. 302 | H | | | | | | | |
| Golden, African p. 302 | | | | | | | | |
| Golden, European p. 302 | | | | | | | | |
| Greenheaded p. 300 | | | | | | | | |
| Osprey p. 184 | | | | | | | | |
| Ostrich p. 150 | ✓ | | | | | | | |
| Owl, Barn p. 216 | | | | | | | | |
| Barred p. 218 | | | | | | | | |

| | A | B | C | D | E | F | G | H |
|---|---|---|---|---|---|---|---|---|
| Eagle, Cape p. 220 | | | | | | | | |
| Eagle, Giant p. 220 | | | | | | | | |
| Eagle, Spotted p. 220 | | | | | | | | |
| Grass p. 216 | | | | | | | | |
| Marsh p. 216 | | | | | | | | |
| Pearlspotted p. 218 | | | | | | | | |
| Pel's Fishing p. 222 | | | | | | | | |
| Scops p. 218 | | | | | | | | |
| Whitefaced p. 218 | | | | | | | | |
| Wood p. 216 | | | | | | | | |
| Oxpecker, Redbilled p. 388 | | | | | | | | |
| Yellowbilled p. 388 | | | | | | | | |
| Oystercatcher, African Black p. 124 | ✓ | | | | | | | |
| European p. 124 | | | | | | | | |
| Parakeet, Roseringed p. 202 | | | | | | | | |
| Parrot, Brownheaded p. 202 | | | | | | | | |
| Cape p. 202 | | | | | | | | |
| Meyer's p. 202 | | | | | | | | |
| Rüppell's p. 202 | | | | | | | | |
| Swahili p. 202 | | | | | | | | |
| Partridge, Chukar p. 146 | | | | | | | | |
| Pelican, Pinkbacked p. 62 | | | | | | | | |
| White p. 62 | ✓ | | | | | | | |
| Penguin, Adelie p. 20 | | | | | | | | |
| Chinstrap p. 20 | | | | | | | | |
| Emperor p. 20 | | | | | | | | |
| Gentoo p. 20 | | | | | | | | |
| Jackass p. 28 | ✓ | | | | | | | |
| King p. 28 | | | | | | | | |
| Macaroni p. 28 | | | | | | | | |
| Rockhopper p. 28 | | | | | | | | |
| Petrel, Antarctic p. 36 | | | | | | | | |
| Atlantic p. 36 | | | | | | | | |
| Blue p. 40 | | | | | | | | |
| Bulwer's p. 38 | | | | | | | | |
| Diving, Common p. 22 | | | | | | | | |
| Diving, South Georgian p. 22 | | | | | | | | |
| Giant, Northern p. 34 | | | | | | | | |
| Giant, Southern p. 34 | | | | | | | | |
| Greatwinged p. 34 | | | | | | | | |
| Grey p. 42 | | | | | | | | |
| Kerguelen p. 38 | | | | | | | | |
| Pintado p. 38 | | | | | | | | |
| Schlegel's p. 36 | | | | | | | | |
| Silvergrey p. 36 | | | | | | | | |
| Snow p. 24 | | | | | | | | |

| | A | B | C | D | E | F | G | H |
|---|---|---|---|---|---|---|---|---|
| Softplumaged p. 38 | | | | | | | | |
| Storm, Blackbellied p. 46 | | | | | | | | |
| Storm, European p. 46 | | | | | | | | |
| Storm, Greybacked p. 22 | | | | | | | | |
| Storm, Leach's p. 46 | | | | | | | | |
| Storm, Matsudaira's p. 444 | | | | | | | | |
| Storm, Whitebellied p. 46 | | | | | | | | |
| Storm, Whitefaced p. 22 | | | | | | | | |
| Storm, Wilson's p. 46 | | | | | | | | |
| Whitechinned p. 34 | | | | | | | | |
| Whiteheaded p. 36 | | | | | | | | |
| Phalarope, Grey p. 110 | | | | | | | | |
| Rednecked p. 110 | | | | | | | | |
| Wilson's p. 110 | | | | | | | | |
| Pigeon, Bronzenaped p. 198 | | | | | | | | |
| Cape p. 38 | | | | | | | | |
| Delegorgue's p. 198 | | | | | | | | |
| Feral (Domestic or Town) p. 200 | ✓ | | | | | | | |
| Green p. 198 | | | | | | | | |
| Rameron p. 200 | | | | | | | | |
| Rock p. 198 | ✓ | | | | | | | |
| Pintail p. 94 | | | | | | | | |
| Pipit, Buffy p. 288 | | | | | | | | |
| Bushveld p. 290 | | | | | | | | |
| Golden p. 292 | | | | | | | | |
| Grassveld p. 288 | | | | | | | | |
| Longbilled p. 288 | | | | | | | | |
| Mountain p. 288 | | | | | | | | |
| Nicholson's p. 288 | | | | | | | | |
| Plainbacked p. 288 | | | | | | | | |
| Redthroated p. 446 | | | | | | | | |
| Rock p. 288 | | | | | | | | |
| Short-tailed p. 286 | | | | | | | | |
| Striped p. 290 | | | | | | | | |
| Tree p. 290 | | | | | | | | |
| Wood p. 288 | | | | | | | | |
| Yellowbreasted p. 292 | | | | | | | | |
| Pitta, Angola p. 274 | ✓ | | | | | | | |
| Plover, Blacksmith p. 122 | ✓ | | | | | | | |
| Blackwinged p. 120 | | | | | | | | |
| Blackwinged, Lesser p. 120 | | | | | | | | |
| Caspian p. 104 | | | | | | | | |
| Chestnutbanded p. 106 | ✓ | | | | | | | |
| Crab p. 126 | ✓ | | | | | | | |
| Crowned p. 122 | ✓ | | | | | | | |
| Golden, American p. 120 | | | | | | | | |
| Golden, Pacific p. 120 | | | | | | | | |

| | A | B | C | D | E | F | G | H |
|---|---|---|---|---|---|---|---|---|
| Grey p. 120 | | | | | | | | |
| Kentish p. 446 | | | | | | | | |
| Kittlitz's p. 106 | | | | | | | | |
| Longtoed p. 122 | | | | | | | | |
| Mongolian p. 106 | | | | | | | | |
| Ringed p. 106 | | | | | | | | |
| Sand p. 106 | | | | | | | | |
| Spurwinged p. 450 | | | | | | | | |
| Threebanded p. 106 | | | | | | | | |
| Wattled p. 122 | | | | | | | | |
| Whitecrowned p. 122 | | | | | | | | |
| Whitefronted p. 108 | | | | | | | | |
| Whitewinged p. 122 | | | | | | | | |
| Pochard, Southern p. 90 | | | | | | | | |
| Pratincole, Blackwinged p. 128 | | | | | | | | |
| Redwinged p. 128 | | | | | | | | |
| Rock p. 128 | | | | | | | | |
| Prinia, Blackchested p. 358 | | | | | | | | |
| Drakensberg p. 358 | | | | | | | | |
| Karoo p. 358 | ✓ | | | | | | | |
| Tawnyflanked p. 358 | | | | | | | | |
| Prion, Broadbilled p. 40 | | | | | | | | |
| Dove p. 40 | | | | | | | | |
| Fairy p. 40 | | | | | | | | |
| Fulmar p. 40 | | | | | | | | |
| Mediumbilled p. 40 | | | | | | | | |
| Salvin's p. 40 | | | | | | | | |
| Slenderbilled p. 40 | | | | | | | | |
| Puffback p. 372 | | | | | | | | |
| Pytilia, Goldenbacked p. 420 | | | | | | | | |
| Quail, Blue p. 140 | | | | | | | | |
| Common p. 140 | | | | | | | | |
| Harlequin p. 140 | | | | | | | | |
| Quelea, Cardinal p. 402 | | | | | | | | |
| Redbilled p. 404 | | | | | | | | |
| Redheaded p. 402 | | | | | | | | |
| Rail, African p. 104 | | | | | | | | |
| Inaccessible Island p. 24 | | | | | | | | |
| Raven, Whitenecked p. 300 | | | | | | | | |
| Redshank p. 118 | | | | | | | | |
| Spotted p. 118 | | | | | | | | |
| Redstart (Eurasian) p. 448 | | | | | | | | |
| Robin, Bearded p. 328 | | | | | | | | |
| Brown p. 328 | | | | | | | | |
| Cape p. 324 | ✓ | | | | | | | |

| | A | B | C | D | E | F | G | H |
|---|---|---|---|---|---|---|---|---|
| Chorister p. 326 | | | | | | | | |
| Gunning's p. 326 | | | | | | | | |
| Heuglin's p. 324 | | | | | | | | |
| Kalahari p. 330 | | | | | | | | |
| Karoo p. 330 | | | | | | | | |
| Natal p. 328 | | | | | | | | |
| Starred p. 326 | | | | | | | | |
| Swynnerton's p. 326 | | | | | | | | |
| Whitebrowed Scrub p. 328 | | | | | | | | |
| Whitethroated p. 324 | | | | | | | | |
| Rockjumper, Cape p. 316 | | | | | | | | |
| Damara p. 348 | | | | | | | | |
| Orangebreasted p. 316 | | | | | | | | |
| Rockrunner p. 348 | | | | | | | | |
| Roller, Broadbilled p. 254 | | | | | | | | |
| Cinnamon p. 254 | | | | | | | | |
| European p. 254 | | | | | | | | |
| Lilacbreasted p. 254 | | | | | | | | |
| Purple p. 254 | | | | | | | | |
| Racket-tailed p. 254 | | | | | | | | |
| Rook, Cape p. 300 | | | | | | | | |
| Ruff p. 108 | | | | | | | | |
| | | | | | | | | |
| Saddlebill p. 76 | | | | | | | | |
| Sanderling p. 114 | | | | | | | | |
| Sandgrouse, Burchell's p. 194 | | | | | | | | |
| Doublebanded p. 194 | | | | | | | | |
| Namaqua p. 194 | | | | | | | | |
| Spotted p. 194 | | | | | | | | |
| Yellowthroated p. 194 | | | | | | | | |
| Sandpiper, Baird's p. 116 | | | | | | | | |
| Broadbilled p. 110 | | | | | | | | |
| Buffbreasted p. 116 | | | | | | | | |
| Common p. 112 | ✓ | | | | | | | |
| Curlew p. 112 | | | | | | | | |
| Green p. 112 | | | | | | | | |
| Marsh p. 108 | ✓ | | | | | | | |
| Pectoral p. 114 | | | | | | | | |
| Terek p. 114 | | | | | | | | |
| Whiterumped p. 116 | | | | | | | | |
| Wood p. 112 | | | | | | | | |
| Scimitarbill p. 256 | | | | | | | | |
| Secretarybird p. 150 | | | | | | | | |
| Seedcracker, Nyasa p. 420 | | | | | | | | |
| Shearwater, Audubon's p. 44 | | | | | | | | |
| Baillon's p. 44 | | | | | | | | |
| Cory's p. 42 | | | | | | | | |

| | A | B | C | D | E | F | G | H |
|---|---|---|---|---|---|---|---|---|
| Fleshfooted p. 44 | | | | | | | | |
| Great p. 42 | | | | | | | | |
| Grey p. 42 | | | | | | | | |
| Little p. 44 | | | | | | | | |
| Manx p. 42 | | | | | | | | |
| Sooty p. 44 | | | | | | | | |
| Wedgetailed p. 44 | | | | | | | | |
| Sheathbill, American p. 444 | | | | | | | | |
| Lesser p. 24 | | | | | | | | |
| Snowy p. 444 | | | | | | | | |
| Shelduck, South African p. 88 | | | | | | | | |
| Shikra p. 176 | | | | | | | | |
| Shoveller, Cape p. 92 | | | | | | | | |
| European p. 92 | | | | | | | | |
| Shrike, Bush, Blackfronted p. 378 | | | | | | | | |
| Bush, Gorgeous p. 378 | | | | | | | | |
| Bush, Greyheaded p. 380 | | | | | | | | |
| Bush, Olive p. 378 | | | | | | | | |
| Bush, Orangebreasted p. 378 | | | | | | | | |
| Crimsonbreasted p. 374 | | | | | | | | |
| Fiscal p. 372 | ✓ | | | | | | | |
| Lesser Grey p. 370 | | | | | | | | |
| Longtailed p. 370 | | | | | | | | |
| Redbacked p. 370 | | | | | | | | |
| Sousa's p. 374 | | | | | | | | |
| Whitecrowned p. 370 | | | | | | | | |
| Whitetailed p. 372 | | | | | | | | |
| Siskin, Cape p. 440 | | | | | | | | |
| Drakensberg p. 440 | | | | | | | | |
| Skimmer, African p. 54 | | | | | | | | |
| Skua, Arctic p. 50 | | | | | | | | |
| Longtailed p. 50 | | | | | | | | |
| Pomarine p. 50 | | | | | | | | |
| South Polar p. 50 | | | | | | | | |
| Subantarctic p. 50 | | | | | | | | |
| Snipe, African p. 104 | | | | | | | | |
| Ethiopian p. 104 | | | | | | | | |
| Great p. 104 | | | | | | | | |
| Painted p. 104 | | | | | | | | |
| Sparrow, Cape p. 406 | ✓ | | | | | | | |
| Great p. 406 | | | | | | | | |
| Greyheaded p. 404 | | | | | | | | |
| House p. 404 | ✓ | | | | | | | |
| Yellowthroated p. 404 | | | | | | | | |
| Sparrowhawk, Black p. 180 | | | | | | | | |
| Little p. 176 | | | | | | | | |
| Ovambo p. 176 | | | | | | | | |

| | A | B | C | D | E | F | G | H |
|---|---|---|---|---|---|---|---|---|
| Redbreasted p. 174 | | | | | | | | |
| Sparrow-weaver, Whitebrowed p. 406 | | | | | | | | |
| Spinetail, Batlike p. 242 | | | | | | | | |
| Böhm's p. 242 | | | | | | | | |
| Mottled p. 242 | | | | | | | | |
| Spoonbill, African p. 82 | | | | | | | | |
| Starling, European p. 384 | ✓ | | | | | | | |
| Glossy, Blackbellied p. 386 | | | | | | | | |
| Glossy, Burchell's p. 384 | | | | | | | | |
| Glossy, Cape p. 386 | | | | | | | | |
| Glossy, Greater Blue-eared p. 386 | | | | | | | | |
| Glossy, Lesser Blue-eared p. 386 | | | | | | | | |
| Glossy, Longtailed p. 384 | | | | | | | | |
| Glossy, Sharptailed p. 386 | | | | | | | | |
| Palewinged p. 382 | | | | | | | | |
| Pied p. 382 | | | | | | | | |
| Plumcoloured p. 384 | | | | | | | | |
| Redwinged p. 382 | ✓ | | | | | | | |
| Wattled p. 382 | | | | | | | | |
| Stilt, Blackwinged p. 126 | | | | | | | | |
| Stint, Little p. 110 | | | | | | | | |
| Longtoed p. 116 | | | | | | | | |
| Rednecked p. 110 | | | | | | | | |
| Temminck's p. 116 | | | | | | | | |
| Stonechat p. 324 | | | | | | | | |
| Stork, Abdim's p. 78 | | | | | | | | |
| Black p. 78 | | | | | | | | |
| Marabou p. 76 | | | | | | | | |
| Openbilled p. 80 | | | | | | | | |
| Saddlebilled p. 76 | | | | | | | | |
| White p. 78 | ✓ | | | | | | | |
| Whitebellied p. 78 | | | | | | | | |
| Woollynecked p. 80 | | | | | | | | |
| Yellowbilled p. 80 | | | | | | | | |
| Sugarbird, Cape p. 388 | ✓ | | | | | | | |
| Gurney's p. 388 | | | | | | | | |
| Sunbird, Black p. 396 | ✓ | | | | | | | |
| Bluethroated p. 400 | | | | | | | | |
| Bronze p. 390 | | | | | | | | |
| Collared p. 394 | | | | | | | | |
| Coppery p. 390 | | | | | | | | |
| Doublecollared, Greater p. 392 | ✓ | | | | | | | |
| Doublecollared, Lesser p. 392 | ✓ | | | | | | | |
| Doublecollared, Miombo p. 392 | | | | | | | | |
| Dusky p. 400 | | | | | | | | |
| Grey p. 400 | | | | | | | | |
| Malachite p. 390 | ✓ | | | | | | | |

| | A | B | C | D | E | F | G | H |
|---|---|---|---|---|---|---|---|---|
| Marico p. 398 | | | | | | | | |
| Neergaard's p. 392 | | | | | | | | |
| Olive p. 400 | | | | | | | | |
| Orangebreasted p. 400 | ✓ | | | | | | | |
| Purplebanded p. 398 | | | | | | | | |
| Scarletchested p. 396 | | | | | | | | |
| Shelley's p. 392 | | | | | | | | |
| Violetbacked p. 398 | | | | | | | | |
| Whitebellied p. 394 | | | | | | | | |
| Yellowbellied p. 394 | | | | | | | | |
| Swallow, Angola p. 230 | | | | | | | | |
| Blue p. 230 | | | | | | | | |
| European p. 232 | | | | | | | | |
| Greyrumped p. 232 | | | | | | | | |
| Mosque p. 228 | | | | | | | | |
| Pearlbreasted p. 232 | | | | | | | | |
| Redbreasted p. 228 | | | | | | | | |
| Redrumped p. 450 | | | | | | | | |
| Saw-wing, Black p. 234 | | | | | | | | |
| Saw-wing, Eastern p. 234 | | | | | | | | |
| Saw-wing, Whiteheaded p. 450 | | | | | | | | |
| South African Cliff p. 230 | | | | | | | | |
| Striped, Greater p. 228 | ✓ | | | | | | | |
| Striped, Lesser p. 228 | ✓ | | | | | | | |
| Whitethroated p. 230 | | | | | | | | |
| Wiretailed p. 232 | | | | | | | | |
| Swan, Mute p. 86 | | | | | | | | |
| Swee, East African p. 428 | | | | | | | | |
| Swift, Alpine p. 240 | | | | | | | | |
| Black p. 242 | ✓ | | | | | | | |
| Bradfield's p. 240 | | | | | | | | |
| Eurasian p. 242 | | | | | | | | |
| European p. 242 | | | | | | | | |
| Horus p. 240 | | | | | | | | |
| Little p. 240 | | | | | | | | |
| Mottled p. 242 | | | | | | | | |
| Pallid p. 242 | | | | | | | | |
| Palm p. 240 | | | | | | | | |
| Scarce p. 242 | | | | | | | | |
| Whiterumped p. 240 | | | | | | | | |
| Tchagra, Blackcap p. 376 | | | | | | | | |
| Blackcrowned p. 376 | | | | | | | | |
| Marsh p. 376 | | | | | | | | |
| Southern p. 376 | | | | | | | | |
| Threestreaked p. 376 | | | | | | | | |
| Teal, Cape p. 92 | | | | | | | | |

| | A | B | C | D | E | F | G | H |
|---|---|---|---|---|---|---|---|---|
| Hottentot p. 90 | | | | | | | | |
| Redbilled p. 90 | | | | | | | | |
| Tern, Antarctic p. 58 | | | | | | | | |
| Arctic p. 58 | | | | | | | | |
| Black p. 60 | | | | | | | | |
| Black, Whitewinged p. 60 | | | | | | | | |
| Blacknaped p. 56 | | | | | | | | |
| Bridled p. 60 | | | | | | | | |
| Caspian p. 54 | | | | | | | | |
| Common p. 58 | ✓ | | | | | | | |
| Crested, Greater p. 56 | | | | | | | | |
| Crested, Lesser p. 56 | | | | | | | | |
| Damara p. 58 | | | | | | | | |
| Fairy p. 58 | | | | | | | | |
| Gullbilled p. 56 | | | | | | | | |
| Kerguelen p. 24 | | | | | | | | |
| Little p. 56 | | | | | | | | |
| Roseate p. 58 | | | | | | | | |
| Royal p. 54 | | | | | | | | |
| Sandwich p. 56 | ✓ | | | | | | | |
| Sooty p. 60 | | | | | | | | |
| Swift p. 56 | ✓ | | | | | | | |
| Whiskered p. 60 | | | | | | | | |
| White p. 58 | | | | | | | | |
| Whitecheeked p. 58 | | | | | | | | |
| Whitewinged p. 60 | | | | | | | | |
| Thrush, Groundscraper p. 312 | | | | | | | | |
| Kurrichane p. 312 | | | | | | | | |
| Olive p. 312 | ✓ | | | | | | | |
| Orange p. 312 | | | | | | | | |
| Palm, Collared p. 330 | | | | | | | | |
| Palm, Rufoustailed p. 330 | | | | | | | | |
| Rock, Angola p. 314 | | | | | | | | |
| Rock, Cape p. 314 | | | | | | | | |
| Rock, Miombo p. 314 | | | | | | | | |
| Rock, Sentinel p. 314 | | | | | | | | |
| Rock, Short-toed p. 314 | | | | | | | | |
| Spotted p. 312 | | | | | | | | |
| Tristan p. 26 | | | | | | | | |
| Tit, Black, Carp's p. 308 | | | | | | | | |
| Black, Southern p. 308 | | | | | | | | |
| Grey, Acacia p. 308 | | | | | | | | |
| Grey, Ashy p. 308 | | | | | | | | |
| Grey, Miombo p. 308 | | | | | | | | |
| Grey, Northern p. 308 | | | | | | | | |
| Grey, Southern p. 308 | | | | | | | | |
| Penduline, Cape p. 344 | | | | | | | | |

| | A | B | C | D | E | F | G | H |
|---|---|---|---|---|---|---|---|---|
| Penduline, Grey p. 344 | | | | | | | | |
| Rufousbellied p. 308 | ? | | | | | | | |
| Titbabbler p. 342 | | | | | | | | |
| Layard's p. 342 | | | | | | | | |
| Trogon, Narina p. 204 | | | | | | | | |
| Tropicbird, Redbilled p. 444 | | | | | | | | |
| Redtailed p. 48 | | | | | | | | |
| Whitetailed p. 48 | | | | | | | | |
| Turnstone p. 114 | | | | | | | | |
| Twinspot, Green p. 424 | | | | | | | | |
| Pinkthroated p. 424 | | | | | | | | |
| Redthroated p. 424 | | | | | | | | |
| | | | | | | | | |
| Vulture, Bearded p. 152 | | | | | | | | |
| Cape p. 152 | | | | | | | | |
| Egyptian p. 156 | | | | | | | | |
| Hooded p. 154 | | | | | | | | |
| Lappetfaced p. 154 | | | | | | | | |
| Palmnut p. 156 | | | | | | | | |
| Whitebacked p. 152 | | | | | | | | |
| Whiteheaded p. 154 | | | | | | | | |
| | | | | | | | | |
| Wagtail, African Pied p. 294 | | | | | | | | |
| Cape p. 294 | ✓ | | | | | | | |
| Grey p. 294 | | | | | | | | |
| Longtailed p. 294 | | | | | | | | |
| Yellow p. 292 | | | | | | | | |
| Warbler, Barratt's p. 334 | | | | | | | | |
| Barred p. 346 | | | | | | | | |
| Barred, Stierling's p. 346 | | | | | | | | |
| Bleating, Greenbacked p. 346 | H | | | | | | | |
| Bleating, Greybacked p. 346 | | | | | | | | |
| Brier p. 358 | | | | | | | | |
| Broadtailed p. 334 | | | | | | | | |
| Cinnamonbreasted p. 346 | | | | | | | | |
| Garden p. 332 | | | | | | | | |
| Greater Swamp p. 338 | | | | | | | | |
| Icterine p. 332 | | | | | | | | |
| Knysna p. 334 | | | | | | | | |
| Marsh, African p. 336 | | | | | | | | |
| Marsh, European p. 336 | | | | | | | | |
| Moustached p. 348 | | | | | | | | |
| Namaqua p. 358 | | | | | | | | |
| Olivetree p. 332 | | | | | | | | |
| Redwinged p. 360 | | | | | | | | |
| Reed, Basra p. 338 | | | | | | | | |
| Reed, Cape p. 336 | | | | | | | | |

| | A | B | C | D | E | F | G | H |
|---|---|---|---|---|---|---|---|---|
| Reed, Cinnamon p. 336 | | | | | | | | |
| Reed, European p. 336 | | | | | | | | |
| Reed, Great p. 338 | | | | | | | | |
| River p. 334 | | | | | | | | |
| Rufouseared p. 360 | | | | | | | | |
| Sedge, African p. 336 | | | | | | | | |
| Sedge, European p. 336 | | | | | | | | |
| Victorin's p. 334 | | | | | | | | |
| Willow p. 332 | | | | | | | | |
| Yellow p. 338 | | | | | | | | |
| Yellowthroated p. 344 | | | | | | | | |
| Wattle-eye, Blackthroated p. 368 | | | | | | | | |
| Waxbill, Blackcheeked p. 426 | | | | | | | | |
| Blue p. 426 | | | | | | | | |
| Cinderella p. 428 | | | | | | | | |
| Common p. 426 | | | | | | | | |
| Grey p. 428 | | | | | | | | |
| Orangebreasted p. 426 | | | | | | | | |
| Swee p. 428 | | | | | | | | |
| Violeteared p. 426 | | | | | | | | |
| Weaver, Brownthroated p. 410 | | | | | | | | |
| Cape p. 408 | | | | | | | | |
| Chestnut p. 408 | | | | | | | | |
| Forest p. 408 | | | | | | | | |
| Golden p. 410 | | | | | | | | |
| Golden, Brownthroated p. 410 | | | | | | | | |
| Masked p. 412 | ✓ | | | | | | | |
| Masked, Lesser p. 412 | | | | | | | | |
| Oliveheaded p. 408 | | | | | | | | |
| Redbilled Buffalo p. 404 | | | | | | | | |
| Redheaded p. 412 | | | | | | | | |
| Scaly p. 406 | | | | | | | | |
| Sociable p. 406 | | | | | | | | |
| Spectacled p. 410 | | | | | | | | |
| Spottedbacked p. 412 | | | | | | | | |
| Thickbilled p. 410 | | | | | | | | |
| Yellow p. 410 | | | | | | | | |
| Wheatear, Capped p. 318 | | | | | | | | |
| European p. 318 | | | | | | | | |
| Isabelline p. 448 | | | | | | | | |
| Pied p. 448 | | | | | | | | |
| Whimbrel p. 124 | ✓ | | | | | | | |
| Whinchat p. 322 | | | | | | | | |
| White-eye, Cape p. 402 | ✓ | | | | | | | |
| Yellow p. 402 | | | | | | | | |
| Whitethroat p. 334 | | | | | | | | |
| Whydah, Paradise p. 432 | | | | | | | | |

|                                      | A | B | C | D | E | F | G | H |
|--------------------------------------|---|---|---|---|---|---|---|---|
| Paradise, Broadtailed p. 434         |   |   |   |   |   |   |   |   |
| Pintailed p. 432                     | ✓ |   |   |   |   |   |   |   |
| Shafttailed p. 432                   |   |   |   |   |   |   |   |   |
| Widow, Longtailed p. 418             |   |   |   |   |   |   |   |   |
| Redcollared p. 416                   |   |   |   |   |   |   |   |   |
| Redshouldered p. 416                 |   |   |   |   |   |   |   |   |
| Whitewinged p. 416                   |   |   |   |   |   |   |   |   |
| Yellowbacked p. 418                  |   |   |   |   |   |   |   |   |
| Yellowrumped p. 418                  | ✓ |   |   |   |   |   |   |   |
| Widowfinch, Black p. 434             |   |   |   |   |   |   |   |   |
| Purple p. 434                        |   |   |   |   |   |   |   |   |
| Steelblue p. 434                     |   |   |   |   |   |   |   |   |
| Violet p. 434                        |   |   |   |   |   |   |   |   |
| Woodhoopoe, Redbilled p. 256         |   |   |   |   |   |   |   |   |
| Scimitarbilled p. 256                |   |   |   |   |   |   |   |   |
| Violet p. 256                        |   |   |   |   |   |   |   |   |
| Woodpecker, Bearded p. 268           |   |   |   |   |   |   |   |   |
| Bennett's p. 268                     |   |   |   |   |   |   |   |   |
| Cardinal p. 268                      |   |   |   |   |   |   |   |   |
| Goldentailed p. 268                  |   |   |   |   |   |   |   |   |
| Ground p. 266                        |   |   |   |   |   |   |   |   |
| Knysna p. 270                        |   |   |   |   |   |   |   |   |
| Little Spotted p. 270                |   |   |   |   |   |   |   |   |
| Olive p. 266                         |   |   |   |   |   |   |   |   |
| Specklethroated p. 270               |   |   |   |   |   |   |   |   |
| Wryneck, Redthroated p. 270          |   |   |   |   |   |   |   |   |
|                                      |   |   |   |   |   |   |   |   |
| Yellowlegs, Greater p. 446           |   |   |   |   |   |   |   |   |
| Lesser p. 116                        |   |   |   |   |   |   |   |   |

83

A. 83⁴ seen   2 Heard   2 Queries/Possibles.